I0164451

¡ACUERDENSE DE LOS POBRES!

Carlos Peirone

Ediciones Crecimiento Cristiano

© **Ediciones Crecimiento Cristiano**
Título: Acuérdense de los pobres!
Autor: Carlos Peirone
Primera edición: Marzo 2009
ISBN: 978-987-1219-20-9
Clasificación:
Diseño de Tapa: Ana Ruth Santacruz

Queda hecho el depósito que marca la ley 11.723.
Está prohibida la reproducción total o parcial de este cuaderno
sin previa autorización escrita de los editores.

Impreso en los talleres de
Ediciones Crecimiento Cristiano
Dirección postal: Casilla 3
Córdoba 419
5903 Villa Nueva, Cba.
Argentina
oficina@edicionescc.com
www.edicionescc.com

IMPRESO EN ARGENTINA

Contenido

INTRODUCCIÓN

Intentaremos en este cuaderno abordar el problema de la pobreza, tomar conciencia de ella, pensar en los pobres y procurar hacer algo al respecto. Trataremos de hacer realidad lo que dice el Salmo 41.1, "Dichoso el que piensa en el débil". Pablo intentó hacer lo mismo, acordarse de los pobres, tenerlos presente en su andar diario (Gálatas 2. 10 a). Procuraremos reflexionar como cristianos sobre el tema de la pobreza y pensar en lo que podemos hacer como individuos, como iglesia y como miembros de una comunidad, para aliviarla. Para hacer algo por la vida de mí vecino pobre.

La pobreza trae muerte y nosotros como cristianos, proclamamos que Jesús trae vida y vida abundante. Por eso, lucharemos contra ella.

Ese es el desafío del presente cuaderno. Pensar, estudiar y actuar para traer vida en lugar de muerte. Llevar esperanza donde no la hay.

Escribimos y pensamos desde una ciudad del interior del provincia de Córdoba, Bell Ville, Argentina, como parte de una clase social media y miembro de una iglesia evangélica de similares características.

Bibliografía Consultada:

1.- Misión Integral y Pobreza, material de Clade IV, edit. Kairos, año 2000, pág. 67, 187, 266, 268.
2.- P.Yancey, "El Jesús que nunca conocí", Edit. Vida, año 199... (tema guardado en D-4-01).
3.- C.R.Padilla, Misión Integral, 1986, pág. 45/49.
4.- Unidades de Ceti, sociedad: 312 y 313.
5.- Documento "Compromiso Evangélico con un estilo de vida sencillo", Inglaterra, 1980, en revista Misión (D-5-01).-
6.- Banzahaf, Tomás, art. Revista Certeza, "Teología de la Suficiencia", no poseo el n° ni el año.
7.- C.R.Padilla, art. Revista Certeza, "Vivir o Tener", sin nª ni año.
8.- C.R.Padilla, Editor, "Bases Bíblica de la Misión", Edit.

N.Creación, pág. 103, 106 y 220.-

9.- A.Wiens. Art. de revista Apuntes Pastorales, vol. 22 nº3, pág. 10, "Amós...".

10.- G. Haugen, "Buenas Noticias acerca de la injusticia", Edit. Kairos, 2002, pág. 81.

11.- Richard Foster, "Dinero, Sexo y Poder", Edit. Betania, 1989.

12.- C.R.Padilla, Tetsunao Yamamori. Editores, "El proyecto de Dios y las necesidades humanas", Edit. Kairos, año 2000, pág. 12.

13.- Linthicum, Robert, "El empoderamiento de los pobres", Visión Mundial, San Jose, 1994, pág. 133/162.

14.- C.R.Padilla editor, "Bases Bíblicas de la Misión", Nueva Creación, cap. 15. Arnaldo Wiens "La Misión cristiana en un contexto de corrupción" y cap. 8 de Darío López, pág. 220 y ss.

15.- R. Foster, "Alabanza a la disciplina", Edit. Betania, 1986.

16.- "Ser, Hacer y Decir", Bases bíblicas de la misión integral, Kairos, Edit. C.R.Padilla y H.Segura, 2006.-

17.- Myers, Bryant L. "Caminar con los pobres", Kairos, 2005.

18.-O´Gorman, Frances, "Facilitadotes de cambio", M.A.P. Internacional, 1997.

19. Perkins, Jhon M.; "Justicia para Todos", Edit. Nueva Creación, Bs.As., 1988.

20.- Bonaparte, Héctor ; Art. "El consumo y la sociedad humana", Revista "La Fraternidad", de la Soc. Ferroviaria de Locomotoras nª 1277, pág. 20.-

21.- Feijo, Manuel, adaptación de su obra "Jesús y los Marginados", Edit. Cristiandad, Madrid, 1985, pág. 47.

22. T. Yamamori; G. Rake y R. Padilla Editores. "Servir con los pobres en América Latina", Edit. Kairos, 1997.

¿Qué les dice esta foto?

1
LA POBREZA

Dos preguntas

Empezamos este estudio y antes de leer nada, nos formulamos dos preguntas para ir discutiendo en el grupo:

a) - ¿Cómo describimos nosotros –los no pobres- a las personas pobres?

b) - ¿Por qué pensamos que las personas son pobres?

Veamos un par de conceptos sobre como se puede definir la pobreza:

a) - Como ausencia de cosas, de conocimientos, de ideas, de poder espiritual y material, de recursos, de alternativas.

b) - Como un sistema de privación de poder, que crea relaciones opresivas, cuyas causas son espirituales.

c) - Como relaciones que no funcionan, que aíslan, que abandonan o desvalorizan. Como un estado de impotencia.

Y a los pobres se los puede definir como:

Personas hechas a la imagen de Dios, que tienen dones, a los que Dios ama. Personas con problemas, con habilidades, con familias, que pueden entrar en el Reino de Dios.

La pobreza es una realidad agobiante y cruel. A veces es el producto de actitudes incorrectas.

2 Veamos algunos textos en Proverbios. Trataremos de descubrir ¿qué causas le atribuye a la pobreza este libro en...?
a) Proverbios 6.6-11:

b) Proverbios 24.30-34:

c) Proverbios 21.5:

d) Proverbios 19.2:

e) Proverbios 28.19:

f) Proverbios 19.4:

3 ¿Cómo se podrían remediar estos problemas que encontramos en nuestra naturaleza humana? Propongan salidas para cada caso señalado anteriormente.

Muchas veces la pobreza es causada por la injusticia, cuando el fuerte se aprovecha del débil. No se puede generalizar y atribuir la existencia de la pobreza a situaciones de vagancia. La falta de justicia es la causa principal y casi excluyente de la pobreza. Y se da cuando el que tiene poder lo usa mal, abusa del poder, para quitarle a otros lo que Dios le ha dado, sea vida, dignidad, libertad, trabajo, etc.

Otras causas que producen pobreza pueden ser:
✓ Causas físicas: Falta de comida, de salud, de vivienda, agua, dinero, tierra.
✓ Causas sociales: Tener una visión inadecuada del mundo, contribuye a la pobreza.
✓ Causas mentales: El efecto del alcohol y las drogas, por ejemplo, producen pobreza del ser.
✓ Causas espirituales: El impacto del pecado trae pobreza. El cambio de valores y creencias nos libera.

4 Observemos los siguientes pasajes bíblicos tratando de entender qué nos dicen sobre la pobreza:
a) Proverbios 13.23:

b) Proverbios 28. 3:

c) Proverbios 22. 16:

d) Proverbios 22. 22:

5 ¿Qué piensa Dios de la injusticia según Proverbios 22. 22-23?

6 ¿Y el salmo 11. 5-7, qué dice?

7 Hay dos frases que se usan para quitarle importancia al problema de la pobreza. La primera es: "pobres hay en todos lados"; la segunda: "pobres hubo siempre". ¿Cómo podríamos responder a quienes argumentan esto?

8 Veamos algunos pasajes en los que Pablo "procuró acordarse de los pobres". ¿Qué hizo por ellos en ....
a) Hechos 11.29 y 30:

b) Romanos 15.25-26:

c) 1Corintios 16.1-4:

d) 2 Corintios 8.1-4:

9 ¿Qué podríamos hacer nosotros para romper, en alguna medida con la pobreza? Averigüemos que nos recomienda la Biblia en...
a) Proverbios 22.29:

b) Proverbios 27.23:

c) Proverbios 14.23:

10 En Proverbios 31.10-31 se relata a una mujer llena de virtudes. Observen cada una de ellas y evalúen si estas prácticas podrían ayudarnos a salir de la pobreza a nosotros hoy. ¿Qué hacía cada día esta mujer? Extraigan sus acciones y características:

11 Deténganse también a observar a la familia de esta mujer. ¿Cómo funciona la casa? ¿Qué valores cultivan?

Para terminar:

Vamos a ir viendo en estos estudios como Dios muestra una opción preferencial por el pobre, la viuda, el huérfano y el exiliado. Oremos ahora porque nosotros podamos hacer lo mismo.

¿Qué ven aquí? ¿Qué pueden leer en esta foto?

2
EL EJEMPLO DE LOS PROFETAS

Los profetas del Antiguo Testamento denunciaron las idolatrías y las injusticias del pueblo de Dios y a la vez, advirtieron acerca del juicio que vendría. Estudiaremos un poco sobre ellos y como se enfrentaron a la corrupción de su tiempo, buscando pistas para nosotros hacer lo mismo en el nuestro.

La corrupción conduce a la pobreza

La palabra corrupción quiere decir "arrebatar", quitar o tomar alguna cosa con violencia y fuerza. Es el acto de desnaturalizar y desviar una cosa del fin hacia el cual tiende naturalmente. Hace referencia a la descomposición, depravación, perversión, desmoralización de una persona, pueblo o país. Y a la iglesia le corresponde la tarea de formar personas con valores que los muevan a hacer frente a la corrupción que nos invade.

La corrupción niega valores como la verdad, la justicia, la libertad, la paz y el amor. Estos valores no son negociables para los cristianos, por eso debemos pelear por ellos, actuando como sal y luz de la tierra.

La corrupción ama la oscuridad y se sostiene con un falso amiguismo, pero no ama la verdadera solidaridad, sino que permite que el interés particular esté por encima del interés común, el de todos. El dinero y el poder son hermanos en la corrupción y ésta justifica la desigualdad, la discriminación y la injusticia.

Veremos entonces, como ya los profetas lucharon contra ella.

El ejemplo de Amos

Lo desafiamos a leer los nueve capítulos del libro de Amós, así podrá aprovecharlo mejor al estudio.

Los profetas como Amós denunciaban las injusticias, la idolatría y la desobediencia a los mandamientos divinos.

Veamos:

1 Amós 2: 6-7. ¿Qué estaba ocurriendo en su tiempo?, ¿qué denuncia?

2 En el mismo texto, Amós denuncia varios pecados. Identifíquelos y trate de explicarlos.

3 En nuestra sociedad, ¿Estos pecados antiguos se cometen hoy? Comenten, den ejemplos.

Amós no es un profeta moderado, sino que escoge alinearse con Dios y con los débiles, en contra de los ricos y poderosos.

Leamos: Amós 3. 10 y Amós 4. 1-3.

4 A la luz de los textos leídos, ¿podemos encontrar relación entre la injusticia de los poderosos y la delincuencia de los humildes? Comenten.

5 ¿Conoce hoy a profetas actuales que denuncien como Amós las injusticias presentes? ¿A quien nombraría y por qué?

6 ¿Qué nos dice Amós a nosotros como iglesia? ¿Somos una comunidad profética, que denuncia el mal, que ofrece alguna alternativa?

7 ¿Luchamos como cristianos por la justicia en la sociedad o actuamos como narcóticos que adormecen para que todo siga igual? Fundamente su respuesta; usted es parte de la misma.

El ejemplo de Miqueas.

Miqueas es otro profeta del siglo 8 ac. que se ocupa de los males que padecía su sociedad.

8 Veamos Miqueas 2. 1-2, ¿Cómo actuaban los ricos opresores de su tiempo?

9 ¿Cómo los trata el profeta a los gobernantes, qué les dice en 3.1-3?

10 ¿Qué quiere Dios de nosotros entonces, según Miqueas 6.8?

11 En el 6.8 plantea un ideal a buscar, a perseguir. ¿Cuál es?

El ejemplo de Isaías.

12 ¿Qué denuncia el profeta en Isaías 5.8?

Dios quiere usarnos a nosotros hoy como lo hizo con el profeta ayer. Dios usa a los que el mundo considera "tontos y débiles" para hacer buenas obras.

13 ¿Qué propone Isaías en 1.16-17? Extraiga los verbos que utiliza.

Preocuparse por tener limpio el corazón y por hacer justicia va de la mano. No se separa nada, todo tiene que ir unido y estar relacionado.

14 ¿Qué les dice a los que hacen las leyes en Isaías 10.1-3?

El ejemplo de Jeremías:

Es un profeta que vive cuando su pueblo es llevado al cautiverio como ganado. El había advertido a sus líderes de lo que pasaba en el pueblo. Ellos eran responsables.

15 Leamos Jeremías 22.13-17 y 5: 28 y 29. Conocer y ser leal a Dios y practicar la justicia van de la mano. ¿Qué denunciaba el profeta?

16 Veamos Jeremías 7.4-7 y 21.12, ¿qué propone aquí el escritor?

Para Terminar:

Oremos porque los profetas nos contagien su valentía y que su ejemplo nos fortalezca para que hoy hagamos justicia y luchemos protegiendo a los más débiles.

¿De qué nos habla este hombre?

"Hemos sido amaestrados para no
vernos."
Eduardo Galeano (16)

3
LA OPRESIÓN DE LOS DEBILES

Abordaremos en este estudio la situación de los débiles, procurando identificarnos con ellos en sus sufrimientos y ayudarles en la posibilidad de superarlos.

1 Eclesiastés 5.8 y 9 plantea algo. ¿Qué nos dice sobre la corrupción y la injusticia?

2 Proverbios 14.31 nos habla de dos conductas y de dos resultados, ¿cuáles son estos?

3 Proverbios 21.13 nos llama a hacer algo. ¿Qué es? ¿Cuánto de sordos e insensibles estamos?

4 Deuteronomio 24.10-15 da indicaciones de cómo tratar a los pobres para evitar la explotación de ellos, ¿cuáles son? Enumérelas.

5 ¿Qué nos dicen de Dios los siguientes textos?
a) Salmo 9.9:

b) Salmo 9.18:

c) Salmo 12.5:

d) Salmo 34.6:

e) Isaías 25.4:

6 La Biblia da esperanza a los pobres que confían en un Dios justo. Vean qué les dice a ellos:
a) Salmo 107. 40-42:

b) Salmo 113. 7 y 8:

c) Isaías 11.4:

7 Dios se enoja con aquellos que usan su poder y su autoridad para abusar de los débiles. ¿Cómo actúan los opresores según las siguientes citas?
a) Amós 5.10-12:

b) Amós 8.4-7:

c) Zacarías 7.8-12:

d) -Santiago 2.1-7:

8 Pero, para los opresores también hay esperanza. Observen el caso de un opresor arrepentido. Es Zaqueo, su relato está en Lucas 19.1-10. ¿Cómo actuó este hombre a partir de recibir a Jesús en su casa?

9 Dice Edmund Burke que: "todo lo que se necesita para que triunfe el mal es que los buenos no hagan nada".[1] ¿Qué estaremos llamados a hacer nosotros?

10 La Biblia afirma que Dios ve y escucha el sufrimiento de los oprimidos. Mira y sufre. Y busca el rescate de las víctimas. Veamos como actúa según:
a) Éxodo 22.26 y 27:

b) Santiago 5.4:

Para terminar:

Cada vez que se comente una injusticia, hay dos elementos en juego. La coerción y el engaño.

La coerción es "obligar o forzar a una persona para que actúe en contra de su libre voluntad, usando la fuerza bruta o la amenaza".

El engaño, por su parte, se produce porque el injusto generalmente no dice la verdad, sino que miente y mucho. Tiene poder y abusa del mismo usando mentiras. Fue lo que hizo el rey David cuando tomó a Betzabé. Abusó del poder, mintió y mató al pobre Urías, dañó al débil. Hizo falta un profeta que le mostrara su pecado y luego pudiera arrepentirse.

Terminemos orando por los débiles que conocemos, invitémosles a compartir nuestra mesa y escuchemos sus historias. Es un buen comienzo para hacer algo con ellos.

¿Qué realidad vivirán estos niños ¿Cuál será su futuro?

"Niños son, en su mayoría los pobres, y pobres son, en su mayoría los niños. Y entre todos los rehenes del sistema, ellos son lo que peor la pasan. La sociedad los exprime, los vigila, los castiga, a veces los mata; casi nunca los escuchar, jamás los comprende."

Educardo aleano (15)

4
LUCHAR POR LA JUSTICIA

Santiago 2.17 dice que "la fe por sí sola, si no tiene obras, está muerta".

Los cristianos creemos en un Dios justo, que quiere dar vida en abundancia, que detesta la opresión, el hambre, la miseria y el pecado. Lucharemos por la justicia al ejercitar:

La voz profética: Que anuncia buenas nuevas y denuncia la injusticia y sus consecuencias. Que les las máscaras a los opresores y los muestra tal como son.

1   ¿Qué nos propone Proverbios 31: 8 y 9? Piensen en ejemplos para llevar a cabo.

2   Deuteronomio 15.4 plantea un ideal a buscar, ¿cuál es?

3   Ver el Salmo 10. 12-14 ¿Qué le pide el salmista a Dios?

4   Y en el Salmo 10.17-18, ¿Qué afirma sobre lo que Dios hará por los indefensos?

5   ¿A qué nos llama el Salmo 82.3?

Dios tiene el poder para ayudar a los pobres y en El confiamos. Puede obrar milagros por medio nuestro y para esto, nos dará de su poder.

6   Para el profeta la verdadera causa de la pobreza residía en la presencia de la injusticia. ¿Y ustedes que piensan? ¿Cómo podemos luchar contra ella?

7 Hagan una lista de recursos que poseen en su medio para esta lucha: gente que conocen, relaciones con personas poderosas que puedan ayudarles, dones, instituciones, etc., para poder luchar más y mejor por la justicia en su pueblo.

8 ¿A qué exhorta el profeta Ezequiel en el capítulo 45.9 y 10?

9 El salmo 35.10 habla del accionar del opresor. ¿Qué dice del mismo? ¿Cuál es la alternativa para el pobre?

Para el poderoso todo esta definido y determinado, pero para el creyente en Dios, hay alternativas, hay esperanza de un presente mejor. Podemos cambiar las cosas, tomando partido a favor de la vida y en contra de la muerte.

10 ¿Quién es Dios y cómo actúa según...
a) el Salmo 68.5 y 6?

b) y el salmo 146. 7-9?

11 Proverbios 29.7 nos exhorta a tener en cuenta los derechos del pobre. Traten de averiguar cuáles son estos derechos que el malvado ignora.

Para Terminar

Oremos por que Dios nos de la valentía necesaria para poder interceder por los más débiles, que nos de el valor de levantar la voz, de no mirar para otro lado y de ser las manos de Dios, obrando milagros, obedientes a su llamado.

¿Habrá futuro para esta familia? ¿Cuál será?

Quien no tiene no es: quien no tiene auto, quien no usa calzado de marca o perfumes importados, está simulando existir.

Eduardo Galeano (17)

5
LA GENEROSIDAD

Estudiaremos en esta oportunidad acerca del ser más generosos, del aprender a abrir la mano, "patoja tiftaj" (en hebreo), tratando de soltar nuestras cosas para aliviar las necesidades de otros que tienen menos que nosotros.

1 Empecemos leyendo Isaías 1.17. ¿A qué nos desafía este texto?

2 ¿Qué cosas nos propone hacer por los débiles Isaías 58.7?

El pueblo de Dios no podía olvidarse de sus pobres, sino socorrerlos. Deuteronomio 15.7-11 nos ayuda a ver esta situación. Leámoslo.

3 En Deuteronomio 15.11 dice "... te ordeno que seas generoso con tus hermanos hebreos y con los pobres y necesitados de tu tierra". ¿Qué implicaría hoy ser generoso con nuestros hermanos de nuestra tierra?

4 En el Antiguo Testamento, en Levítico 19.9-18 y Deuteronomio 24.17-21 vemos instrucciones para el pueblo agrícola de ese tiempo. ¿Cuáles son y a que apuntan estas?

Ser generosos apunta a dejar algo para los otros, para los pobres y extranjeros. A ser generosos y no codiciosos, a permitir que otros obtengan algo de lo nuestro. Dar de vivir a otros, de eso se trataría.

5 "Espigar un campo", "recoger" uvas eran trabajo, no limosna. Pensemos en ejemplos modernos que actualicen este texto para nuestra vida y ciudad. Pensemos en maneras de dar trabajo y no limosnas a nuestros pobres de hoy.

6 Observen ahora Deuteronomio 10.18 y 19. ¿Qué nos muestra de Dios este texto? ¿Qué nos dice a nosotros?

7 Piensen y comenten esta frase: "... Ser fiel a Dios tiene muy poco que ver con lo que uno da, pero tiene mucho que ver con lo que uno se guarda".

8 Lean ahora el caso de la viuda pobre de Lucas 21.1-4, ¿qué nos enseña esta pobre?

9 ¿Qué le damos a Dios y que nos guardamos para nosotros?

10 ¿A que nos exhorta Pablo en:
a) 1 Timoteo 6.18:

b) 2 Corintios 9.6-10:

11 ¿A que nos anima Jesús en Lucas 14.12-14?

12 ¿A qué nos llama Proverbios 14.21 y 19.7?

13 El ejemplo de Job también nos sirve, ¿Cómo obraba él según Job 31. 16-17?

Para terminar:

14 Hay promesas para los justos generosos, descúbralas en el salmo 112. 5-9 y en Proverbios 28.27, y que puedan ser para usted también.

¿Cómo sería vivir solamente con este tipo de movilidad?

6
EL METODO: CAPACITAR, ORGANIZAR Y MOVILIZAR.

EL EMPODERAMIENTO

Siguiendo a Robert Linthicum [2] podemos decir que: La organización comunitaria tiene como propósito proveer al pobre instrumentos que lo capaciten para cambiar su situación. Al juntarse los pobres, adquieren poder: juntos y organizados pueden emprender proyectos, reflexionar y actuar para que su situación pueda cambiar algo.

Una vez organizados, el próximo paso es movilizarse, moverse. Se trata de reunirse, abrir las audiencias (reuniones) al público, invitando a otras instituciones y grupos sociales, para dar a conocer las necesidades por las que se quiere luchar. Organizarse lleva tiempo y energía, permanencia y reconocimiento social. Pero es la forma de llegar a ser alguien y de tomar las riendas para cambiar el futuro. Organizarse tiene como propósito crear una comunidad donde la gente mejore su calidad de vida y se alegre de vivir allí. Juntas se apoyan, se desafían, se defienden.

Nehemías y Esdras aplicaron estos conceptos en el pueblo de Israel organizando a su comunidad. Con ellos nace el judaísmo. Lograron la libertad de su pueblo después de 15 años de trabajo. Reconstruyeron las murallas y también sus vidas. Hoy nos sirven de modelos a nosotros.

La tarea de la iglesia

Una de las tareas de la iglesia es denunciar el mal y trabajar por la transformación de la gente para que sean más parecidas al modelo que Dios planeó para ellas. Así, la iglesia debe ponerse al lado de los pobres para darles poder y con ese poder romper el yugo de la esclavitud (Isaias 58.6-7). Su tarea es liberadora, debe promover la auto- determinación y las iniciativas propias de los pobres. Dios no puede ayudarnos a menos que nosotros hagamos la parte que nos toca. Eso es autodeterminarse: elegir nuestra manera de vivir.

¿Qué hacer?

Como iglesia que vivimos en comunidad estamos involucrados en la vida de la polis, de la ciudad. Hacemos, nos guste o no, política. Algunas cosas que podemos hacer por mejorar nuestra en la ciudad, son:

1- Orar por la paz y la justicia en nuestro pueblo.

2-Tratar de educarnos como pueblo cristiano para conocer nuestro tiempo, nuestra sociedad, nuestra cultura.

3-Habrá que entrar en acción. Hacer algo para que algo cambie, para que tengamos un pueblo más justo.

4 -Por último, habrá también que estar dispuestos a sufrir. El servicio involucra sufrimiento.

Dice Juan 8.32 que el conocimiento de la verdad nos hace libres. Y es a través de la Capacitación en lo cívico, social, político y técnico, como vamos liberándonos.

Es a través de la Organización comunitaria donde participan las bases; donde no hay organización tampoco hay acción y menos libertad y es a través de la Movilización comunitaria como se presiona al poder para lograr cambios. Así seremos libres.

La organización "es la única arma que tienen los pobres para hacerse escuchar, hacer respetar sus derechos, conseguir reivindicaciones y lograr plataformas de lucha" [3].

Organizarse es construir poder y el poder libera de la pobreza. "Una vez organizados, los pobres pueden influir en el gobierno local y exigirles responsabilidades"[4].

1 A partir de estas lecturas, piensen en ejemplos de esto y compartan.

2 ¿A quienes no les interesará que los pobres se organicen y por qué?

3 Comenten la frase popular: " Divide y reinarás". ¿Quién lo dice y que persigue?

Quiero citar aquí a John M. Perkins. En su libro [5] plantea tres principios para lograr cambios, desarrollo en la comunidad, y los llama los 3 "R":

Reubicación: Que significa integrarme a la comunidad necesitada y ser vecino de los pobres, haciendo mías sus necesidades.

Reconciliación: Que pasa por el ponerse en paz con los demás y con Dios mismo. Todos nos necesitamos mutuamente.

Redistribución: Que tiene que ver con compartir con aquellos que sufren necesidades. Compartir tiempo y energías para capacitar a las personas para interrumpir el círculo de la pobreza y asumir su propia responsabilidad frente a sus necesidades. Persigue una distribución más equitativa de los recursos.

Este autor nos llama a escuchar el llanto de los pobres y a usar nuestras capacidades, dones y recursos en el servicio del evangelio de liberación y justicia. Define a la pobreza como "falta de opciones" y propone traer esperanza a los débiles para romper las cadenas de la opresión. Los pobres nos necesitan para trabajar con ellos y enseñarles a valerse por sí mismos.

4   Veamos el ejemplo del buen samaritano, que encontramos en Lucas 10.25-37. ¿Qué les dice a ustedes esta parábola?

5   ¿Eres tu un prójimo? ¿Actuamos como tales?

Para terminar

Oremos porque Dios nos haga "buenos samaritanos". El buen samaritano nos enseña que no podemos hacer todo solos. No somos islas y la tarea es grande para uno solo. Debemos juntar talentos y dones y trabajar con otros. Necesitamos de los mesoneros, ya sea que compartan o no nuestra fe, para ayudar a cuidar de los caídos. Ser samaritanos nos permitirá acercarnos, ver al caído, sentir misericordia y hacer algo por éste.

¿De qué habla la mirada de este niño?

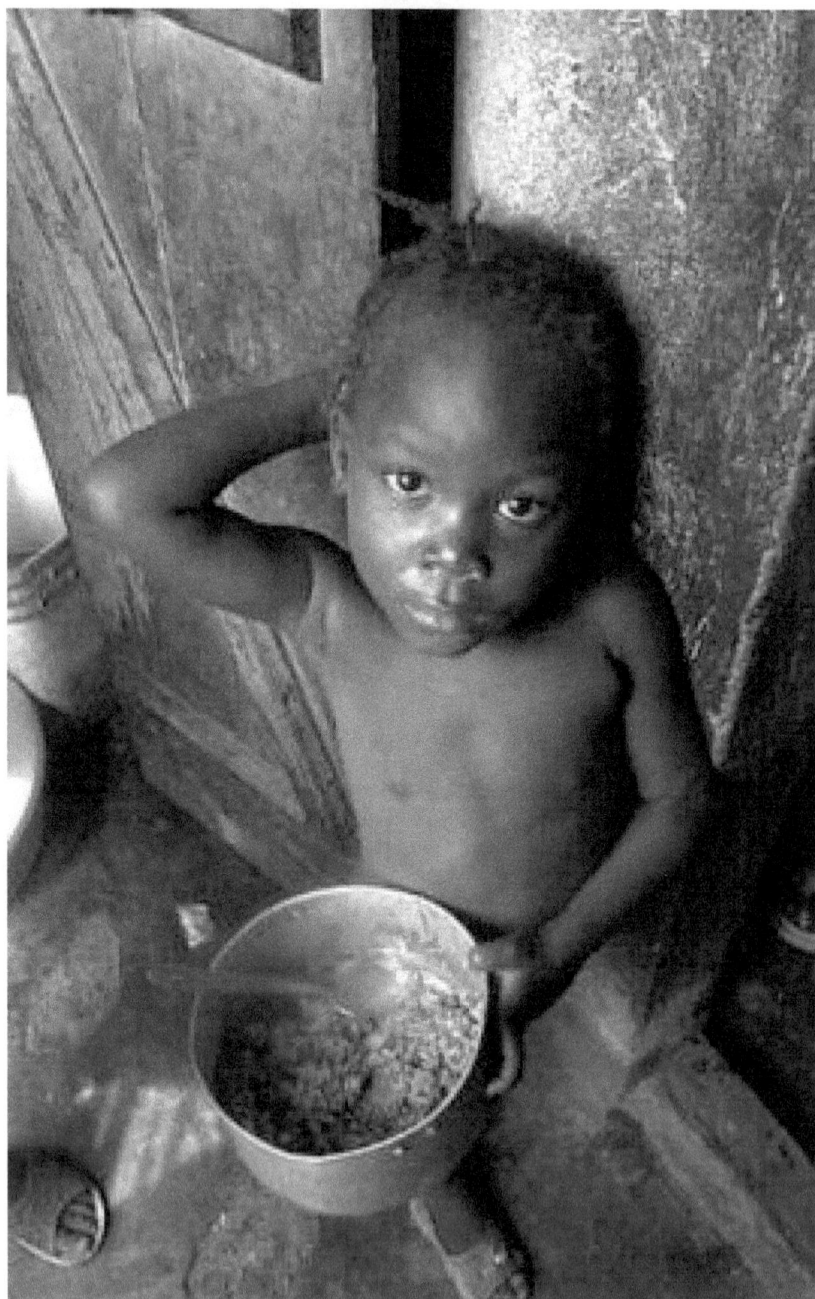

7
LA TAREA DE LA IGLESIA

Me gusta la idea de ver a la iglesia como un puente que une al pueblo de Dios con la gente en la comunidad, buscando que todos crezcan y se desarrollen. Para lograr esto son útiles los grupos pequeños o células, que nos permiten conocer las necesidades de la comunidad. Conocidas estas necesidades se podrá pensar en planes que respondan a buscar salidas a las mismas. Así la iglesia actuará sirviendo, animando y acompañando a la gente a solucionar sus problemas.

La iglesia puede ayudar a sanar la identidad lastimada de los pobres enseñando quienes somos (hijos de Dios, dignos) y para que fuimos creados (para ser mayordomos de la creación). Al cambiar las personas, se puede cambiar la historia de ellas.

1 Pensando en las cosas que tenemos y en las que nos faltan, ¿Estará conforme Dios con que sólo subsistamos o quiere darnos algo mejor a cada uno? Fundamente.

Dice un documento que la iglesia debe responder con una voz profética y un accionar esperanzador y redentor, promoviendo condiciones de vida que permitan la vida plena para todos los seres humanos. [6]

2 Leída la frase, piensen en lo que están haciendo como iglesias y sueñen lo que podrían hacer para promover la vida plena y erradicar la pobreza que nos rodea.

Promover el shalom: Se entiende por shalom "a la plenitud y la abundancia de vida en sus expresiones físicas, emocionales, espirituales, políticas, económicas y sociales, todas ellas absolutamente contrarias a la pobreza". Tiene que ver con el vivir en paz con Dios, con uno mismo, con los demás y con la naturaleza. Es la paz que ofrece Jesús, que sobrepasa todo entendimiento, y con la vida abundante que nos regala (Juan 10.10). La pobreza es entonces, la ausencia de shalom.

3 ¿Promueve tu iglesia la justicia, la paz, el amor y la verdad? Piensen en ejemplos concretos y compártenlos..

4 ¿Aceptan y generan la inclusión y la diversidad en tu comunidad, o sólo tienen una iglesia para rubios, limpios y buenos? Fundamenten.

Desarrollo

Una iglesia sana ayuda a crecer, a desarrollarse a cada uno de sus miembros y a la comunidad donde está inserta. El poder de Dios puede salvar.

5 ¿Qué entienden por desarrollo?

6 Comenten, ¿Qué les dice frase siguiente?

Tetsunao Yamamori [7] define al desarrollo como "un proceso de cambio de calidad de vida que lleva hacia la madurez plena del hombre como individuo y como persona en comunidad. Y este cambio ocurre en última instancia solo por medio del poder redentor del evangelio de Jesús".

7 ¿Y qué les dice la frase siguiente? Anote su opinión.

"Cualquier cosa que sane y restaure el cuerpo, la mente, el espíritu y la comunidad, todo puede ser parte de un futuro mejor hacia el cual debe apuntar el desarrollo transformador." (Myers, B. "Caminar con los pobres", pág. 119).

8 La legislación de Moisés apuntaba a la idea de cuidar la tierra y compartir sus frutos. Leamos Deuteronomio 24.19-22.

a) ¿Qué frutos debían compartir?

b) ¿Qué personas eran las más necesitadas?

c) Y hoy, ¿qué podemos compartir y con qué personas?

9 Analicen esta frase que antecede y propongan un desarrollo humano más cristiano. ¿En que se basaría? ¿Qué valores podríamos tener en cuenta?

Dice Héctor Bonaparte [8] en su obra, que: "No solamente no es el mejor (el mundo en que vivimos), ni el único posible, sino que se trata de un mundo organizado sobre la base muy discutible de que el desarrollo humano significa competencia, enriquecimiento, manejo inescrupuloso de los demás para el propio beneficio personal o del grupo restringido al cual se pertenece".

10 Sueñen con un mundo mejor, con una sociedad alternativa. ¿Cómo sería este mundo? Escriba su sueño y compartan el mismo con el grupo.

11 Si la pobreza es escandalosa,

a) ¿Cómo podemos como iglesia promover el desarrollo social de nuestro pueblo?,

b) ¿Con quienes podríamos sumarnos y trabajar juntos por lo mismo?

.

12 ¿Cómo podemos alentar a nuestra iglesia para pasar de ser una minoría intrascendente a ser una minoría propositiva, facilitadora y motivadora de cambios en nuestra aldea?

Redes

Proponemos un aprender a trabajar más integrados con otras iglesias. Para ello es necesario crear vínculos entre iglesias y entre creyentes. Aprovechar las fortalezas de cada uno para enriquecernos mutuamente y economizar esfuerzos. No es fácil pero vale el intento.

"El propósito no debe ser competir más con otros por los recursos e implementación, sino complementarse mutuamente con sus fortalezas" [9] .

"Anhelamos una iglesia insertada, encarnada y comprometida con la comunidad, que sea un centro de consolación, transformación y restauración: una comunidad de esperanza y para la esperanza"[10].-

13 Tratemos de entender estas dos frases, analizarlas y hacerlas nuestras.

Para terminar

Oremos por ser comunidades de esperanza, sanidad y por vivir un nuevo estilo de vida.

Y en este foto ¿qué vemos?

8
SOCIEDAD DE CONSUMO Y POBREZA.

La sociedad de consumo esta basada en la avaricia, en ella se trabaja para ganar, se gana para comprar y se compra para valer, apuntalando la autoestima de cada uno. Se nos presenta al hombre que consume como el hombre ideal al que todos debemos aspirar. Este culto al materialismo produce un mundo donde pocos crecen y muchos se empobrecen; este culto a la ostentación y a la moda trae más muerte que vida.

Jesús vino a traernos vida y a liberarnos del poder del pecado y de la muerte. Veamos algunos textos.

1 ¿Qué nos dice sobre esto Romanos 12.1-2?

2 ¿Qué nos dice Jesús en Lucas 12.15?, ¿le creemos a Jesús?

3 ¿Qué nos ofrece Jesús en Juan 10-10?

4   Haremos ahora un ejercicio buscando descubrir en distintos
pasajes lo que dijo Jesús, lo que hizo, su actitud ante los
pobres o la pobreza y que principio o enseñanza nos deja hoy.
Podemos trabajarlo como un cuadro:

a) **Lucas 4.18**
Lo que dijo Jesús:

Lo que hizo:

Su actitud:

Principio o enseñanza que nos deja:

b) **Lucas 5.12.**
Lo que dijo Jesús:

Lo que hizo:

Su actitud:

Principio o enseñanza que nos deja:

c) **Lucas 6.20.**
Lo que dijo Jesús:

Lo que hizo:

Su actitud:

Principio o enseñanza que nos deja:

d) Lucas 8.40-48
Lo que dijo Jesús:

Lo que hizo:

Su actitud:

Principio o enseñanza que nos deja:

e) Lucas 10.25.-37
Lo que dijo Jesús:

Lo qu
e hizo:

Su actitud:

Principio o enseñanza que nos deja:

f) Lucas 12.15
Lo que dijo Jesús:

Lo que hizo:

Su actitud:

Principio o enseñanza que nos deja:

g) Lucas 14.12-14
Lo que dijo Jesús:

Lo que hizo:

Su actitud:

Principio o enseñanza que nos deja:

h) Lucas 21.1-4
Lo que dijo Jesús:

Lo que hizo:

Su actitud:

Principio o enseñanza que nos deja:

5   Hay textos que no son de Jesús pero que también nos sirven en este estudio, veámoslos también en forma de cuadro:

a) **Proverbios 21.13**
¿Qué dicen?

¿Qué hace?

Actitud

Principio

b) **Exódo 23.11**
¿Qué dicen?

¿Qué hace?

Actitud

Principio

c) **Salmo 41.1**
¿Qué dicen?

¿Qué hace?

Actitud

Principio

d) Gálatas 2.10
¿Qué dicen?

¿Qué hace?

Actitud

Principio

e) Santiago 1.27
¿Qué dicen?

¿Qué hace?

Actitud

Principio

Dice René Padilla [11] que "la avaricia está en el mismo cimiento económico en que se basa la sociedad de consumo".

6 ¿Qué opinan sobre esta frase?, ¿Por qué dirá esto el autor?

La iglesia debe desarrollar en sus miembros, frente a las imposiciones de la sociedad de consumo, el discernimiento crítico. Enseñar que, por ejemplo:

a - No hay que ser tan crédulos con la información que recibimos por los medios. Se miente mucho, nos crean necesidades falsas.

b - No hay que apuntar a la apariencia como cosa importante, sino buscar virtudes internas, invisibles a los ojos, cosas del corazón, buscar las cosas de arriba, espirituales y eternas. Cosas por lo tanto que no se encuentran en las góndolas de los supermercados ni en ningún shopping de moda.

c - No creer que las cosas nos hacen mejores personas o nos dan vida abundante.

7 Evalúense ahora como miembros de la iglesia, en lo que están haciendo y diciendo con sus hechos y sus palabras. ¿Qué están enseñando y viviendo con respecto a este tema?

Para Terminar:

Pensemos en esta frase:

"Cada uno tiene que criticarse a sí mismo y discernir su propia vida delante de Dios" [12].

Y terminemos orando porque podamos consumir menos cosas superfluas y ser más generosos con otros que tienen mucho menos que nosotros. Porque a nuestra abundancia la podamos compartir más y acumularla menos. Amén.

¿Dónde tendría que estar esta abuela? ¿Qué tendría que estar haciendo?

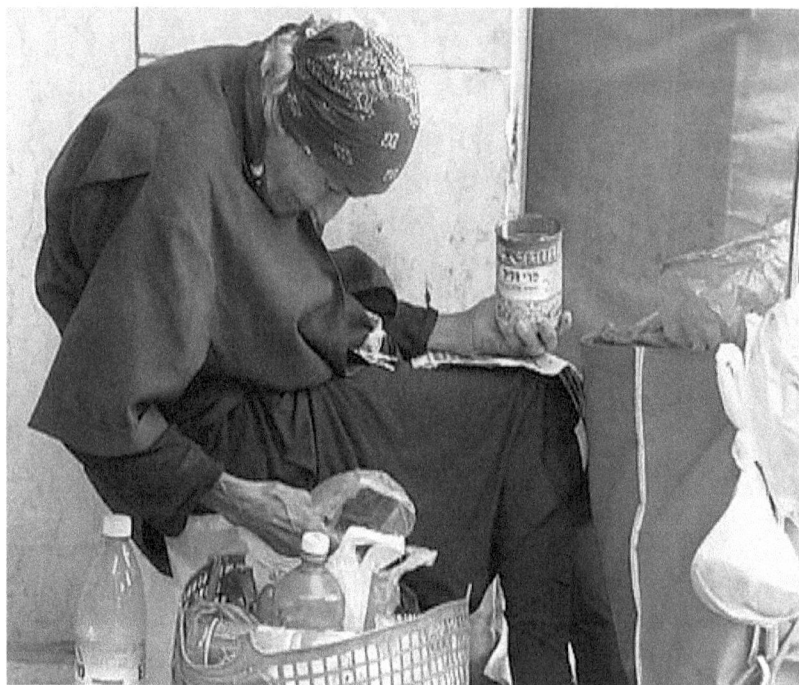

9
HACIA UN ESTILO DE VIDA SENCILLO.

Jesús nos enseña en el Sermón del Monte (Mateo 6.25-33) a no preocuparnos por las "cosas", sino a buscar el Reino de Dios y su justicia. Darle a cada cosa su importancia, y así tendremos libertad. Jesús nos llama a la santidad, la humildad, la sencillez y el contentamiento. Nuestra obediencia cristiana requiere que revisemos nuestro estilo de vida y lo hagamos más sencillo, de tal manera que disfrutemos de las cosas sin destruirnos. Nuestras necesidades tienen límites naturales y excedernos groseramente desagrada a Dios.

1 Veamos 1 Timoteo 6.6-10. ¿Qué nos da vida y qué nos destruye según estos versículos?

2 Examine sus ingresos y sus gastos. Luego evalúe y trate de vivir con menos y de dar más. Anote estos datos para que no se le olviden:

Cuánto gano: $ ....

Cuánto gasto: $ ....

Cuánto ahorro: $ ....

Cuánto puedo dar: $ ....

3 Hágase el firme propósito de renunciar al desperdicio y oponerse a la extravagancia en sus ropas, vivienda, viajes, comidas, etc. ¿Tiene algo para modificar en su estilo de vida? Anótelo para no olvidarlo:

4 Hagamos otro ejercicio. Anote: ¿Cuáles son para usted sus necesidades primordiales?

5 ¿Y cuales son para usted sus lujos?

6 Habrá que pensar en familia que cosas necesitamos y cuales tenemos por status, moda o hobbies y luego diferenciar:

7 A partir de la lectura de Proverbios 21.17

a) ¿Qué lujos podríamos suprimir de nuestra vida para invertir ese dinero en otros que tienen menos?

b) ¿A cuanto asciende esa suma? Anote.

c) ¿A quien o quienes podríamos ayudar con ese dinero? Registre esos nombres.

8 Nuestro estilo de vida habla más fuerte que nuestras palabras. Nosotros somos el mensaje de Dios para otros. ¿Podemos proclamar del amor de Dios si cerramos nuestras manos frente a los necesitados? Fundamente.

9 A la luz de la práctica de la iglesia de Hechos 4.32-37, pensemos en bienes que podemos usar en común con otras personas. Haga una lista e intente practicarlo.

NO DEUDAS

Una manera de encontrar libertad es no contrayendo deudas. Vivir con menos pero sin deudas.

10 Proverbios 22.7 plantea esto. ¿Y nosotros, cómo vivimos en casa? ¿Endeudados y esclavos o pobres y libres? Comenten.

11 En la búsqueda de un equilibrio, leamos Proverbios 30.7-9.
a) ¿Qué pide el autor?

b) ¿Qué abarcará "el pan necesario"?

Para terminar:

Oremos porque podamos vivir vidas más sencillas, con menos cosas, y más satisfechos con lo que somos y tenemos. Recordando que cuando damos, recibimos y que es más feliz el que da, que el que recibe.

¿Qué necesidades básicas faltan aquí?
Imaginen cómo se vivirá en este barrio.

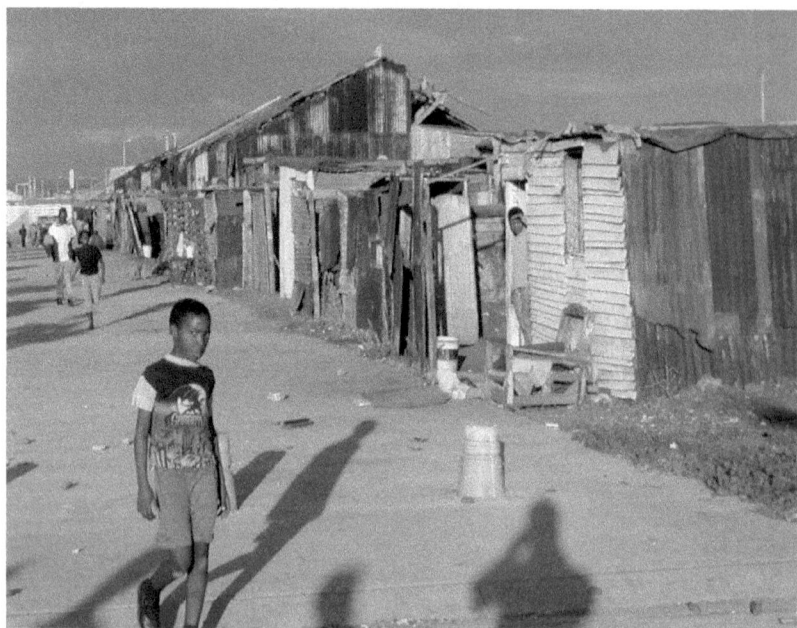

10
EL EJEMPLO DE JESÚS

"Para Jesús el pobre es el que no tiene un lugar en el mundo. Es aquel a quien nadie consuela, que sufre discriminación y soledad; que está perseguido y privado de sus derechos elementales, amurallado con las barreras que otros levantan..."[13]

Creemos que establecer una relación personal con Jesús trae vida y libertad, y que aceptar a Jesús como Salvador y Señor nos libera del pecado y de la muerte.

Intentaremos ahora acercarnos a Jesús, el ser "pobre" por excelencia, y aprender de El, a vivir de otro modo.

1 Mateo 25.31-46 nos enseña maneras de honrar a Jesús. Enuméralas y piensen maneras de llevarlas a cabo.

2 Si Jesús nos visitara de nuevo hoy en cuerpo visible, ¿le haríamos un lugar en la tierra, en nuestra iglesia o lo rechazaríamos como hace 2000 años? Opinen y fundamenten.

3 Jesús fue amigo de los pobres, de los marginados, de los pecadores, de los poco respetables. Los religiosos lo miraban con frialdad. Hoy ocurre lo contrario, la iglesia atrae a los que antes sospechaban de Jesús. ¿Qué pasó? ¿Por qué no llegan más pecadores a buscar a Jesús a nuestra iglesia?

4 Veamos algunos textos, ¿cómo se comportaba Jesús con la gente según:

a) Marcos 10.46-52:

b) Marcos 9: 36-37:

c) Marcos 10.14-16.

d) Marcos 3.10

e) Marcos 5.1-12.

5 En resumen, ¿qué aprendemos de Jesús en estos pasajes?

En su reino no hay indeseables, alli hay lugar para todos.

La Misión liberadora de Jesús en Lucas [14].

Lucas nos muestra en su evangelio el interés de Jesús por los marginados, los pobres, por los menos favorecidos, como eran los publicanos, samaritanos, leprosos, mujeres, niños y enfermos de su tiempo. Jesús al acercarse a esta "escoria social" traerá para sí la oposición de otros grupos como los fariseos, los escribas y dirigentes judíos. Le costaría caro este acercamiento a los de mala fama.

6 Veamos algunos textos, procurando responder: ¿A quien se acerca Jesús y a quién se enfrenta? Complete el cuadro: ¿A quién se acerca? ¿Y a quién se enfrenta?

	Se acerca	Se enfrenta
a) Lucas 6.7-11		
b) Lucas 11.53-54		
c) Lucas 14.1-6		
d) Lucas 19.47-48		

7 Lucas enfatiza que Jesús vino para liberarnos de todo tipo y forma de opresión. En Lucas 4.16-30 podemos leer lo que se conoce como "el manifiesto de Nazaret". ¿Cuál es esta propuesta de Jesús?

Había marginados que no eran pobres y a los que Jesús también se acercó. Por ejemplo, Zaqueo, Levi, Magdalena, etc.

8 Observe Lucas 5.29 y 30, ¿cómo reaccionan los religiosos?

9 Y en Lucas 19.5-7:

10 ¿Quiénes son hoy nuestros pobres?

11 ¿Quiénes son hoy nuestros marginados, no necesariamente pobres?

12 ¿Cuánto nos acercamos a ellos?

13 ¿Qué podríamos hacer para llegarnos a estas personas como Jesús lo hizo?

14 Veamos a Jesús actuando en Lucas 5.27. ¿Qué observan? ¿Qué aprenden de Jesús?

Jesús nos invita a "salir y ver" lo que nos rodea. Cruzar fronteras o barreras que nos impiden llegar a los otros y penetrar en su mundo, el de los olvidados, el de los que están en "la otra orilla de la historia".

Le proponemos un ejercicio: Salir a caminar o en bicicleta por su pueblo, ir por las orillas, sentir sus olores, ver a su gente, escucharlos tal vez.

15 ¿Qué aprendió en el paseo? Anote sus descubrimientos y comparta en grupo.

Jesús nos propone revisar nuestro estilo de vida, cambiar nuestra manera de pensar y vivir, imitarle. "Los sanos y los buenos no necesitan de médicos".

16 ¿Qué se propone hacer luego de examinarse a sí mismo? Anote sus planes.

17 Jesús nos propone "ver y actuar" como el buen samaritano. Este acercamiento tuvo un precio para Jesús. ¿De que lo acusaban según Lucas 7.34?

18 ¿Qué precio tendremos que pagar hoy para hacer lo que hacía Jesús? ¿Estamos dispuestos a pagarlo?

Para Terminar

Oremos para que como lo hizo Jesús, en el poder del Espíritu, podamos anunciar que hay buenas noticias para los pobres, salud para los enfermos, libertad para los cautivos y vista para los ciegos (Lucas 4.14, 18 y 19).

CONCLUSIONES

Cuando Pablo escribió "acuérdense de los pobres", termina la frase diciendo que ha tratado de hacerlo con todo cuidado. Yo también quisiera que el haber estudiado este tema nos movilice a nosotros también, para no sólo "saberlo" sino "hacer algo" al respecto, con todo cuidado. No sólo dolernos con la pobreza, sino también intentar lo que esté a nuestro alcance para aliviarla, para mejorar la calidad de vida de nuestro próximo.

Que podamos ser como Job (29.12-17) que salvaba a los pobres, al huérfano y a las viudas, que era ojos para los ciegos, pies para los tullidos, padre de necesitados y defensor de los extranjeros.

Sabemos que en Cristo somos más que vencedores (Romanos 8.37) y que debemos ser sujetos, autores y actores de los cambios.

Que el Dios de los pobres esté con nosotros y nos acompañe en la tarea. Amén.

Citas

[1] Citado en "Buenas Noticias acerca de la injusticia", G.Haugen, Edit. Kairos, 2002, pag. 81.-

[2] Robert Linthicum, "El Empoderamiento de los Pobres", Visión Mundial, San José, 1994, pag. 133/162.-

[3] Víctor Vaca en "Misión Integral y Transformación estructural de América Latina", en Misión Integral y Pobreza, Clade IV, Kairos, 2001, pág. 67.

[4] Idem anteterior.

[5] Jhon M. Perkins, "Justicia para todos", Nueva Creación, 1988.-

[6] Documento final de la consulta sobre "Misión Integral y Pobreza", Clade IV, 2001, pág. 266.

[7] "El Proyecto de Dios y las necesidades Humanas", Edit. Padilla y Ymanori, pág. 12.
Myers, Brian, "Caminar con los pobres", Kairos, pág. 119.

[8] Hector Bonaparte, "El consumo y la sociedad de consumo", Revista La Fraternidad, de la Soc. Person. Ferroviario de Locomotoras, n° 1227, pág. 20.

[9] Obra ya citada, Clade IV, Misión Integral y Pobreza, pág. 187.

[10] Idem anterior, pág. 268.

[11] René Padilla, Misión Integral, pág. 49.

[12] Bernard Haring, "Etica de Manipulación. En Medicina, en control de la conducta y en genética". Barcelona, Ed.Herder, 1978, pag. 111.-

[13] Adaptado de Manuel Feijoo, "Jesús y los marginados", Cristiandad, Madrid, 1985, pág. 47.

[14] Tomado de "Bases Bíblicas para la misión", Darío López, cap. 8, pag. 220 y ss.

(15) Eduardo Galeano, "Patas arriba, la escuela del mundo al revés", Editorial Catálogos, 2004, página 14.

(16) Idem anterior, página 58.

(17) Idem anterior, página 26

Nos gustaría saber quienes trabajan con este material y que resultados obtuvieron.Esto nos animará a mejorarlo y enriquecerlo.

Gracias por escribirnos a:

Carlos Peirone
H. Irigoyen 623
(2550) Bellville
Córdoba
Argentina

carlospeirone2002@yahoo.com.ar

Cómo utilizar este cuaderno

Estos cuadernos son *guías de estudio*, es decir, su propósito es guiarle a usted para que haga su propio estudio del tema o libro de la Biblia que desarrolla este material. El cuaderno propone un diálogo. En él introducimos el tema, sugerimos cómo proceder con la investigación, comentamos, pero también preguntamos. Los espacios después de las preguntas son para que usted anote su respuesta a ellas.

Esperamos que, por medio del diálogo, le ayudemos a forjar su propia comprensión del tema. No de segunda mano, como cuando se escucha un sermón, sino como fruto de su propia lectura y investigación.

¿Cómo hacer el estudio?

1 - Antes de comenzar, ore. Pida ayuda a Dios que le hable y le dé comprensión durante su estudio.

2 - Se deben leer los pasajes bíblicos más de una vez y preguntarse: ¿Qué dice el autor? Aunque muchos utilizan la versión Reina-Valera de la Biblia, conviene tener otra versión o versiones disponibles para comparar los pasajes entre las dos. La "Versión popular" y la "Nueva versión internacional" le pueden ayudar a ver el pasaje con más claridad.

3 - Siga con la lectura de la lección. Responda lo mejor que pueda a las preguntas.

4 - Evite la tendencia de "apurarse para terminar". Es mejor avanzar lentamente, pensando, preguntando, aclarando.

En grupo

El estudio personal es de mucho valor pero se multiplican los beneficios si lo acompaña con el estudio en grupo. Un grupo de hasta 8 personas es lo ideal. Pero, puede ser que por diferentes motivos el mismo grupo esté formado por usted y una persona más, aun así, es mejor que estudiar solo.

En realidad, estos cuadernos han sido diseñados con ese motivo:

estimular el estudio en células, en grupos pequeños. La manera de hacerlo es fácil:

1 - **Usted hace en forma personal una de las lecciones del cuaderno.** Aun cuando pueda haber cosas que no entienda bien, haga el mayor esfuerzo posible para completar la lección.

2 - **Luego se reune con su grupo.** En el mismo comparten entre todos las respuestas de cada pregunta. Puede ser que no tengan las mismas respuestas, pero comparando entre todos las van aclarando y corrigiendo. Es durante este compartir semanal de una hora y media, este diálogo entre todos, donde se encuentra la verdadera riqueza y que nos provée esta forma de estudio.

3 - **Evite salirse del tema.** El tiempo es oro, y lo más importante es enfocar todo el esfuerzo del grupo en el tema de la lección. Luego, pueden dedicar tiempo para conocerse más y tener un rato social.

4 - **Participe.** Todos deben participar. La riqueza del trabajo en grupo es justamente eso.

5 - **Escuche.** Hay una tendencia de apurar nuestras propias opiniones sin permitir que el otro termine. Vamos a aprender de cada uno, aun de los que, según nuestra opinión, están equivocados.

6 - **No domine la discusión.** Puede ser que usted tenga todas las respuestas correctas, sin embargo es importante dar lugar a todos, y estimular a los tímidos a participar. No se trata de sobresalir, sino de compartir aprendiendo juntos.

Si en el grupo no hay una persona con experiencia en coordinarlo, se puede encontrar ayuda para dirigir un grupo en:

1 - Nuestra página web, www.edicionescc.com. La sección "Capacitación" ofrece una explicación breve del método de estudio.

2 - En las últimas páginas de nuestro catálogo se ofrece también una orientación.

3 - El cuaderno titulado "Células y otros grupos pequeños" es un

curso de capacitación para los que desean aprender cómo coordinar un grupo.

4 - Hay algunas guías que disponen de un cuaderno de sugerencias para el coordinador del grupo.

Finalmente diremos que las guias no contienen respuestas a las preguntas ya que el cuaderno es exactamente eso, una guia, una ayuda para estimular su propio pensamiento, no un comentario ni un sermón. Le marcamos el camino, pero usted lo tiene que seguir.

Que el Señor lo acompañe en esta tarea y si necesita ayuda, comuníquese con nosotros. Estamos para servirle.

www.ingramcontent.com/pod-product-compliance
Lightning Source LLC
Chambersburg PA
CBHW060649030426
42337CB00017B/2517